Fern Green

VEGANE
SMOOTHIES

proteinreich und gesund

Fern Green

VEGANE
SMOOTHIES

proteinreich und gesund

Fotos von Beatriz Da Costa

INHALT

EINLEITUNG

Sich vegan zu ernähren heißt, ausschließlich Lebensmittel pflanzlichen Ursprungs – also Gemüse, Obst, Hülsenfrüchte, Nüsse und Getreide – zu essen. Ist die vegane Ernährung ausgewogen, wird der Körper gut mit allen Vitaminen und Nährstoffen versorgt, die für gesunde Körperfunktionen wichtig sind.

Wie zahlreiche Studien gezeigt haben, ist eine vegane Ernährung vorteilhaft für die Gesundheit. Sie hilft beispielsweise, Diabetes, Bluthochdruck oder Herzkrankheiten vorzubeugen und so die Lebenserwartung zu erhöhen. In den Rezeptkapiteln lernen Sie köstliche vegane Smoothies kennen. Sie sind für Veganer konzipiert, schmecken aber auch allen, die den Anteil pflanzlicher Lebensmittel in ihrer täglichen Ernährung erhöhen möchten.

Die Zubereitung der Smoothies ist ein Kinderspiel, das Erfolgsgeheimnis liegt jedoch in der Vielfalt. Manche mixen Woche für Woche nur ihre Lieblingsrezepte, aber das kann auf Dauer zu einseitig werden. Mit unseren Rezepten dagegen ernähren Sie sich abwechslungsreich und ausgewogen.

Bei einer veganen Ernährung ist es nicht immer einfach, Proteine in ausreichender Menge zu sich zu nehmen. Aber sind Smoothies überhaupt eine gute Proteinquelle? Natürlich, in diesem Punkt werden unsere Rezepte Sie bestimmt überzeugen!

Die einfachste Möglichkeit, Smoothies mit Proteinen anzureichern, sind Proteinpulver. Sie schmecken manchmal etwas mehlig oder künstlich. Dennoch sollten Personen, die sich streng vegan ernähren, sie nicht völlig ablehnen. Eine sehr gute Proteinquelle sind naturbelassene Nüsse. Geben Sie einfach eine kleine Handvoll davon in Ihren Smoothie. Alternativ können Sie auch selbst gemachte Pflanzendrinks als Basis für Ihre Smoothies verwenden. Wie Sie diese Drinks zubereiten, erfahren Sie gleich im ersten Kapitel.

TIPPS FÜR DIE ZUBEREITUNG

Mit folgenden Tipps sind vegane Smoothies im Handumdrehen gemixt:

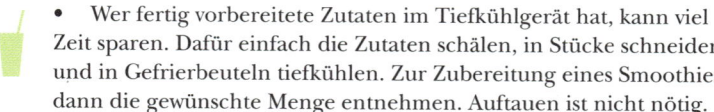

- Wer fertig vorbereitete Zutaten im Tiefkühlgerät hat, kann viel Zeit sparen. Dafür einfach die Zutaten schälen, in Stücke schneiden und in Gefrierbeuteln tiefkühlen. Zur Zubereitung eines Smoothies dann die gewünschte Menge entnehmen. Auftauen ist nicht nötig.

- Karotten und Ingwer können einen Mixer mit geringer Motorleistung schnell überfordern. Deshalb diese beiden Zutaten am besten vorher raspeln. Blattgemüse püriert man zuerst mit Flüssigkeit und gibt dann die Früchte dazu.

- Weizengras und Spirulina haben einen intensiven Geschmack, an den man sich erst gewöhnen muss. Beginnen Sie daher mit kleinen Mengen und steigern Sie diese langsam.

- Smoothies aus Früchten schmecken köstlich, enthalten aber viel Zucker. Damit Ihr Zuckerkonsum nicht aus dem Ruder läuft, genießen Sie daneben Smoothies mit einem hohen Gemüseanteil.

- Smoothies enthalten mehr Ballaststoffe als Säfte. Diese können ihre Wirkung aber nur dann voll entfalten, wenn Sie zusätzlich Wasser in ausreichender Menge trinken.

- Smoothies werden besonders cremig, wenn Sie mit den Zutaten noch einige Eiswürfel in den Mixer geben. Stattdessen können Sie aber auch gleich tiefgekühlte Zutaten verwenden.

- Smoothie-Reste lassen sich in Eiswürfelformen oder Mini-Gefrierboxen tiefkühlen – allerdings nur, wenn frische Zutaten verwendet wurden. Smoothies aus gefrorenen Zutaten nicht nochmals tiefkühlen!

SMOOTHIES FÜR DIE GESUNDHEIT

Antioxidanzien

Obst und Gemüse sind reich an Antioxidanzien und anderen pflanzlichen Nährstoffen. Sie stärken das Immunsystem und unterstützen die Gesundheit des gesamten Körpers.

Mineralstoffe

Die meisten Zutaten für vegane Smoothies sind sehr reich an Mineralstoffen. Kalzium, Magnesium und Phosphor beispielsweise sind wichtig für gesunde, starke Knochen.

Schnelle Wirkung

Die in den Smoothies enthaltenen Vitamine und Mineralstoffe werden vom Körper schnell aufgenommen. So helfen sie, ernährungsbedingte Tiefs rasch zu überwinden.

Gute Verdauung

Die Mischung verschiedener Zutaten (Obst, Gemüse, Nüsse, Getreide) sorgt dafür, dass vegane Smoothies leicht verdaulich sind.

Klarer Kopf

Eine gesunde Ernährung mit veganen Smoothies stärkt die kognitiven Funktionen und verhilft zu einer besseren Konzentration.

Schöne Haut

Mit ihren vielen Ballaststoffen fördern vegane Smoothies die Ausscheidung von Giftstoffen. Das bewirkt, dass die Haut frisch und strahlend aussieht.

PFLANZEN-DRINKS

Cremig-milchige Drinks aus Nüssen, Kernen, Hülsenfrüchten oder Getreide und Wasser sind eine gesunde und nährstoffreiche Alternative zu Milchprodukten. Sie eignen sich prima als Grundlage für vegane Smoothies. Entdecken Sie auf den folgenden Seiten die ganze Vielfalt der Drinks aus pflanzlichen Zutaten.

Haselnussdrink • Cashewdrink
Macadamiadrink • Mandeldrink
Kürbiskerndrink • Haferdrink
Reisdrink aus Naturreis • Pistaziendrink

PFLANZENDRINKS SELBST MACHEN

Mit wenigen Schritten bereiten Sie Pflanzendrinks ganz einfach selbst zu:

- feste Zutaten einweichen (bei Bedarf)
- abspülen
- kochen (bei Bedarf)
- mit Wasser mixen
- filtern (bei Bedarf)

Einweichen

Vor allem Hülsenfrüchte, Getreide und harte Nusskerne müssen eingeweicht werden. Dafür bedecken Sie die rohen Kerne, Samen oder Nüsse in einer Schüssel 2,5 cm hoch mit Wasser und lassen sie über Nacht bei Zimmertemperatur quellen. Für weiches Getreide wie Hafer genügt eine Einweichzeit von 2–3 Stunden. Kokosnuss und kleine Samen müssen gar nicht eingeweicht werden. Nach der Einweichzeit in ein Sieb abgießen und abspülen.

Kochen

Dieser Schritt ist notwendig, damit Drinks aus Hülsenfrüchten und Soja (Bohnen und Sprossen) leichter verdaulich werden. Die Kochzeit variiert je nach Zutat. Drinks auf Getreidebasis werden cremiger und schmecken angenehmer, wenn man die Getreidekörner 20–60 Minuten kochen lässt, bis sie das Wasser fast vollständig aufgenommen haben. Danach in einem Sieb abtropfen lassen und in den Mixer geben.

Mixen und filtern

Für einen wohlschmeckenden, cremigen Pflanzendrink benötigen Sie ein Teil feste Zutaten und zwei Teile Wasser. Beides wird in einen leistungsfähigen Mixer gefüllt und 1–2 Minuten auf höchster Stufe püriert. Ist die Motorleistung des Mixers geringer, verlängert sich die Mixzeit auf bis zu 5 Minuten. Soll der Drink weniger cremig sein, kann sie mit Wasser bis zur gewünschten Konsistenz verdünnt werden.

Zum Filtern legen Sie ein Sieb mit einem Stück Käseleinen (Passiertuch) aus oder verwenden einen Durchseihbeutel (Nussmilchbeutel). Den Mix hineingießen und abtropfen lassen. Ist die Flüssigkeit weitgehend abgetropft, pressen Sie die im Tuch verbliebenen festen Bestandteile gründlich aus. Drinks aus zarten Haferflocken müssen nicht gefiltert werden, da sich die Flocken beim Einweichen vollständig auflösen.

Zeit sparen

Wenn Sie mal keine Zeit haben, um die Zutaten über Nacht einzuweichen, zerkleinern Sie diese alternativ im Mixer auf höchster Stufe in etwa 25 Sekunden. (Achtung: Nüsse nicht so fein zerkleinern, dass eine Paste entsteht!) Dann die doppelte Menge kochendes Wasser dazugießen und 1 Minute weitermixen. Die Mischung 10 Minuten ruhen lassen, dann erneut 1 Minute mixen. Bei Bedarf filtern.

Pflanzendrinks gibt es in vielen verschiedenen Sorten. Hier Farbe, Duft, Geschmack und Proteingehalt der gängigsten Drinks im Überblick.

DRINKTYP	FARBE	DUFT	GESCHMACK	PROTEINE AUF 100G
CASHEW	Cremeweiß	Mild, nussig	Neutral	15,7 g
HASELNUSS	Weiß	Mild, nussig	Süßlich	15,4 g
KOKOSNUSS	Weiß	Nussig, nach Kokos	Süßlich	3,3 g
MACADAMIANUSS	Weiß	Nussig, sahnig	Süßlich	7,5 g
MANDEL	Cremeweiß	Mild, nussig	Süßlich	23,3 g
PEKANNUSS	Hellbeige	Mild, nussig	Süßlich	9,17 g
PISTAZIE	Hellgrün bis hellbraun	Mild, nach Pistazie	Neutral	19,4 g
WALNUSS	Weiß	Mild, nussig	Neutral bis süßlich	17,4 g
HANFSAMEN	Hellbraun	Grasig, leicht bitter	Neutral	32 g
KÜRBISKERN	Hellgrün	Mild, leicht rauchig, nach Pistazie	Salzig	23,3 g
LEINSAMEN	Weiß bis hellbraun	Grasig	Neutral	9,9 g
SONNEN-BLUMENKERNE	Beige bis hellbraun	Leicht bitter, nussig, nach Sesam	Salzig	23,4 g
GERSTE	Cremeweiß	Mild, nussig, nach Bohne	Süßlich	12 g
HAFER (FLOCKEN)	Weiß	Mild	Süßlich	12 g
QUINOA	Beige	Mild, nach Kichererbsen	Neutral	13 g
REIS	Weiß	Mild, nussig (Naturreis), blumig (weißer Reis)	Süßlich (Naturreis), neutral (weißer Reis)	2,7 g
SOJA	Cremeweiß	Milchig, nach Bohne (Kuhmilch am ähnlichsten)	Neutral	36 g

HASELNUSSDRINK

Ergibt 500 ml
Zubereitung: 5 Minuten, plus über Nacht Einweichen

ZUTATEN

250 g Haselnusskerne • 1 EL Ahornsirup (nach Belieben)

Haselnusskerne sind hervorragende Energiespender. Zudem enthalten
sie reichlich Ballaststoffe.

M *Mineralstoffreich* **P** *Proteinreich* **SK** *Stärkt die Knochen*

Die Haselnüsse in einer Schüssel mit Wasser bedecken und über Nacht einweichen.
Am nächsten Tag abgießen und abspülen. Die Nüsse dann mit 500 ml Wasser in
einem Mixer glatt pürieren. Die Mischung in ein mit Käseleinen ausgelegtes Sieb
oder einen Durchseihbbeutel gießen und abtropfen lassen. Verbliebene Nussreste
gut ausdrücken. Den Ahornsirup unterrühren. In einer luftdicht schließenden
Flasche ist der Drink im Kühlschrank 3 Tage haltbar.

CASHEWDRINK

Ergibt 600 ml
Zubereitung: 5 Minuten, plus über Nacht Einweichen

ZUTATEN
300 g Cashewkerne • 1 EL Ahornsirup (nach Belieben)
1 Prise Salz

Cashewkerne enthalten einfach ungesättigte Fettsäuren. Sie sind wichtig für die Herzgesundheit, so reguliert etwa Oleinsäure den Cholesterinspiegel.

 **M** *Mineralstoffreich* **P** *Proteinreich* **V** *Vitaminreich*

Die Cashewkerne in einer Schüssel mit Wasser bedecken und über Nacht einweichen. Am nächsten Tag abgießen und abspülen. Die Cashewkerne dann mit 600 ml Wasser in einem Mixer glatt pürieren. Die Mischung in ein mit Käseleinen ausgelegtes Sieb oder einen Durchseihbeutel gießen und abtropfen lassen. Verbliebene Cashewreste gut ausdrücken. Ahornsirup und Salz unterrühren. In einer luftdicht schließenden Flasche ist der Drink im Kühlschrank 3 Tage haltbar.

MACADAMIADRINK

Ergibt 500 ml
Zubereitung: 5 Minuten, plus über Nacht Einweichen

ZUTATEN

250 g Macadamianusskerne • 6 Medjool-Datteln, entsteint (nach Belieben)

1 TL Vanilleextrakt (oder Mark von ½ Vanilleschote) • 1 Prise Salz

Die Macadamia gilt als die Königin der Nüsse. Sie enthält wertvolle Antioxidanzien wie Mangan, Vitamin E und Zink.

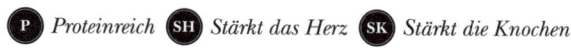 **P** *Proteinreich* **SH** *Stärkt das Herz* **SK** *Stärkt die Knochen*

Die Macadamianüsse in einer Schüssel mit Wasser bedecken und über Nacht einweichen. Am nächsten Tag abgießen und abspülen. Die Macadamias dann mit Datteln, Vanille, Salz und 500 ml Wasser, in einem Mixer glatt pürieren. Die Mischung in ein mit Käseleinen ausgelegtes Sieb oder einen Durchseihbeutel gießen und abtropfen lassen. Verbliebene Nussreste gut ausdrücken. In einer luftdicht schließenden Flasche ist der Drink im Kühlschrank 4 Tage haltbar.

MANDELDRINK

Ergibt 500 ml
Zubereitung: 5 Minuten, plus über Nacht Einweichen

ZUTATEN

250 g Mandeln • 1 EL Ahornsirup (nach Belieben)

1 Prise Salz

Mandeln enthalten Riboflavin und L-Carnitin. Beide Stoffe erfüllen im Körper wichtige Funktionen und regen die Gehirntätigkeit an.

GH *Gut für die Haut* **SK** *Stärkt die Knochen* **V** *Vitaminreich*

Die Mandeln in einer Schüssel mit Wasser bedecken und über Nacht einweichen. Am nächsten Tag abgießen und abspülen. Die Mandeln dann mit 500 ml Wasser in einem Mixer glatt pürieren. Die Mischung in ein mit Käseleinen ausgelegtes Sieb oder einen Durchseihbeutel gießen und abtropfen lassen. Verbliebene Mandelreste gut ausdrücken. Ahornsirup und Salz unterrühren. In einer luftdicht schließenden Flasche ist der Drink im Kühlschrank 3 Tage haltbar.

KÜRBISKERNDRINK

Ergibt 500 ml
Zubereitung: 5 Minuten, plus über Nacht Einweichen

ZUTATEN

250 g Kürbiskerne • 2 EL Dattelsirup

1 Prise Salz

Kürbiskerne enthalten Tryptophan. Diese Aminosäure wird im Körper in Serotonin umgewandelt, das einen guten Schlaf fördert.

GH *Gut für die Haut*   **M** *Mineralstoffreich*   **P** *Proteinreich*

Die Kürbiskerne in einer Schüssel mit Wasser bedecken und über Nacht einweichen. Am nächsten Tag abgießen und abspülen. Die Kürbiskerne dann mit 500 ml Wasser in einem Mixer glatt pürieren. Die Mischung in ein mit Käseleinen ausgelegtes Sieb oder einen Durchseihbeutel gießen und abtropfen lassen. Verbliebene Kürbiskernreste gut ausdrücken. Dattelsirup und Salz unterrühren. In einer luftdicht schließenden Flasche ist der Drink im Kühlschrank 3 Tage haltbar.

HAFERDRINK

Ergibt 600 ml
Zubereitung: 5 Minuten, plus 3 Stunden Einweichen

ZUTATEN

300 g zarte Haferflocken

1 TL Vanilleextrakt (oder Mark von ½ Vanilleschote)

Hafer enthält viele Ballaststoffe, vor allem Beta-Glucan. Es wirkt sich regulierend auf das »schlechte« Cholesterin aus.

FV *Fördert die Verdauung*   **M** *Mineralstoffreich*   **V** *Vitaminreich*

Die Haferflocken in einer Schüssel mit Wasser bedecken und 3 Stunden einweichen. Dann abgießen und mit 600 ml Wasser in einem Mixer glatt pürieren. Die Vanille unterrühren. In einer luftdicht schließenden Flasche ist der Drink im Kühlschrank 3 Tage haltbar.

REISDRINK AUS NATURREIS

Ergibt 500 ml
Zubereitung: 5 Minuten

ZUTATEN

100 g gekochter Naturreis (34 g Rohgewicht)

4 Medjool-Datteln, entsteint

Naturreis stabilisiert den Blutzuckerspiegel. Dieser Drink empfiehlt sich daher besonders für Menschen, die an Diabetes leiden.

 **M** *Mineralstoffreich* **SE** *Spendet Energie* **V** *Vitaminreich*

Den Reis mit Datteln und 500 ml Wasser in einem Mixer glatt pürieren. Die Mischung in ein mit Käseleinen ausgelegtes Sieb oder einen Durchseihbeutel gießen und abtropfen lassen. Verbliebene Feststoffe gut ausdrücken. In einer luftdicht schließenden Flasche ist der Drink im Kühlschrank 4 Tage haltbar.

PISTAZIENDRINK

Ergibt 500 ml
Zubereitung: 5 Minuten, plus über Nacht Einweichen

ZUTATEN

250 g Pistazienkerne • 1 EL Ahornsirup (nach Belieben)

1 Prise Salz

Harte Schale, wertvoller Kern: Pistazienkerne besitzen den höchsten
Proteingehalt von allen Nussfrüchten.

 *Mineralstoffreich* **SK** *Stärkt die Knochen* **V** *Vitaminreich*

Die Pistazien in einer Schüssel mit Wasser bedecken und über Nacht einweichen.
Am nächsten Tag abgießen und abspülen. Die Pistazien dann mit 500 ml Wasser in
einem Mixer glatt pürieren. Die Mischung in ein mit Käseleinen ausgelegtes Sieb
oder einen Durchseihbeutel gießen und abtropfen lassen. Verbliebene Pistazien-
reste gut ausdrücken. Ahornsirup und Salz unterrühren. In einer luftdicht
schließenden Flasche ist der Drink im Kühlschrank 3 Tage haltbar.

DETOX-SMOOTHIES

Reinigende Smoothies helfen dem Körper beim Abbau und bei der Ausscheidung von Giftstoffen. Damit sorgen sie für eine schöne Haut und unterstützen vor allem das Immunsystem.

Fruchtbecher • Birne & Weizengras
Tomatencocktail • Banane & Brokkoli
Frisch & Süß • Spinat & Aloe • Grüner Fitmacher
Pikante Karotte • Erdbeere & Kokos • Pretty in Pink
Sanfte Mango • Kürbis & Gewürze • Früchte & Minze
Milde Kamille • Vitaminkick • Hanf-Trinkschokolade
Rote Wonne • Granatapfel & Chia

FRUCHTBECHER

Für 1 Person
Zubereitung: 5 Minuten

ZUTATEN

½ Pfirsich, gehäutet und geviertelt

80 g Ananas, geschält und in Scheiben geschnitten • 1 Handvoll grüne Weintrauben

1 TL Weizengraspulver (oder 1 Schnapsglas Weizengrassaft)

Weizengras enthält bis zu 70 % Chlorophyll. Dieser natürliche Farbstoff fördert die Durchblutung und verbessert die Blutqualität.

M *Mineralstoffreich* **SI** *Stärkt das Immunsystem* **V** *Vitaminreich*

Pfirsich, Ananas, Weintrauben, Weizengraspulver und 120 ml Wasser in einen Mixer füllen und glatt pürieren. Den Smoothie in ein Glas gießen und servieren.

BIRNE & WEIZENGRAS

Für 1 Person
Zubereitung: 5 Minuten

ZUTATEN

2 Birnen, entkernt und in Stücke geschnitten

1 Apfel, entkernt und in Stücke geschnitten

1 TL Weizengraspulver (oder 1 Schnapsglas Weizengrassaft)

Weizengras enthält 17 Aminosäuren. Diese Grundbausteine werden im menschlichen Körper zu Proteinen umgewandelt.

 *Fördert die Durchblutung* P *Proteinreich* V *Vitaminreich*

Birnen, Apfel, Weizengraspulver und 120 ml Wasser in einen Mixer füllen und glatt pürieren. Den Smoothie in ein Glas gießen und servieren.

TOMATENCOCKTAIL

Für 2 Personen
Zubereitung: 5 Minuten

ZUTATEN

6 Tomaten, geviertelt • 4 Karotten, geschält und in Scheiben geschnitten
1 Stange Staudensellerie, in Stücke geschnitten
½ EL gemahlener schwarzer Pfeffer • 1 Prise Salz • 4 Eiswürfel

Tomaten liefern die Vitamine A, C und K. Daneben enthalten sie wertvolle
Mineralstoffe und Spurenelemente wie Phosphor und Kupfer.

EH *Entzündungshemmend* **FD** *Fördert die Durchblutung* **SE** *Spendet Energie*

Tomaten, Karotten, Sellerie, Pfeffer, Salz, Eiswürfel und 50 ml Wasser in einen Mixer
füllen und glatt pürieren. Den Smoothie in zwei Gläser gießen und servieren.

BANANE & BROKKOLI

Für 1 Person
Zubereitung: 5 Minuten

ZUTATEN

120 g Brokkoli, in Röschen geteilt • ½ rosa Grapefruit, geschält und zerteilt
1 große Banane, geschält und in Scheiben geschnitten
230 ml Mandeldrink (gekauft oder selbst gemacht, s. S. 20)

Brokkoli besitzt nicht nur antibakterielle Eigenschaften. Er unterstützt auch die Funktion von Leber und Nieren.

 Mineralstoffreich P Proteinreich SK Stärkt die Knochen

Brokkoli, Grapefruit, Banane und Mandeldrink in einen Mixer füllen und glatt pürieren. Den Smoothie in ein Glas gießen und servieren.

FRISCH & SÜSS

Für 2 Personen
Zubereitung: 5 Minuten

ZUTATEN

1 Salatgurke, in Stücke geschnitten

160 g Ananas, geschält und in Stücke geschnitten • 12 Medjool-Datteln, entsteint

1 Zitrone, geschält und zerteilt

Datteln versorgen den Körper mit wichtigen Mineralstoffen wie Kalzium, Eisen, Phosphor, Natrium, Kalium und Magnesium.

 *Entzündungshemmend* **SI** *Stärkt das Immunsystem* **V** *Vitaminreich*

Gurke, Ananas, Datteln, Zitrone und 450 ml Wasser in einen Mixer füllen und glatt pürieren. Den Smoothie in zwei Gläser gießen und servieren.

SPINAT & ALOE

Für 1 Person
Zubereitung: 5 Minuten

ZUTATEN

230 g junger Blattspinat, gehackt • 1 Banane, geschält und in Scheiben geschnitten

½ Avocado, geschält, entkernt und gewürfelt • 1 Prise Cayennepfeffer

250 ml Aloe-Vera-Saft • 40 ml Zitronensaft • 4 Eiswürfel

Aloe-Vera-Saft ist reich an Aminosäuren, Vitaminen und Mineralstoffen. Er beruhigt, erfrischt, hydriert, wirkt entzündungshemmend und beugt Hitzewallungen vor.

 **HY** *Hydrierend* **M** *Mineralstoffreich* **SI** *Stärkt das Immunsystem*

Spinat, Banane, Avocado, Cayennepfeffer, Aloe-Vera-Saft, Zitronensaft und Eiswürfel in einen Mixer füllen und glatt pürieren. Den Smoothie in ein Glas gießen und servieren.

GRÜNER FITMACHER

Für 2 Personen
Zubereitung: 5 Minuten

ZUTATEN

180 g sehr junge Grünkohlblätter • 2 Stangen Staudensellerie, gewürfelt

½ Salatgurke, in Stücke geschnitten • 1 Banane, geschält und in Scheiben geschnitten

160 g Ananas, geschält und in Stücke geschnitten

1 kleine Zitrone, geschält, halbiert und in Scheiben geschnitten

2 EL Chiasamen • ½ TL Spirulinapulver • 230 ml Pistaziendrink (s. S. 28)

Grünkohl liefert wertvolle Mineralstoffe und Spurenelemente wie Eisen und Magnesium, Ballaststoffe und Vitamin A.

EH *Entzündungshemmend* **SI** *Stärkt das Immunsystem* **V** *Vitaminreich*

Grünkohl, Staudensellerie, Gurke, Banane, Ananas, Zitrone, Chiasamen, Spirulina, Pistaziendrink und 230 ml Wasser in einen Mixer füllen und glatt pürieren. Den Smoothie in zwei Gläser gießen und servieren.

PIKANTE KAROTTE

Für 1 Person
Zubereitung: 5 Minuten

ZUTATEN
1 große Handvoll junger Blattspinat • 1 Orange, geschält
1 Stück Ingwer (2,5 cm), geschält und geraspelt • 5 Eiswürfel
230 ml frischer Karottensaft

Neben Betacarotin enthält frischer Karottensaft wertvolle Ballaststoffe und auch viele Antioxidanzien.

Spinat, Orange, Ingwer, Eiswürfel und Karottensaft in einen Mixer füllen und glatt pürieren. Den Smoothie in ein Glas gießen und servieren.

ERDBEERE & KOKOS

Für 1 Person
Zubereitung: 5 Minuten

ZUTATEN
1 Handvoll junger Blattspinat • 6 Erdbeeren, entkelcht • ¼ Zitrone, geschält
125 ml Kokoswasser • 1 EL Rosinen • 7 Eiswürfel

Zitrone hat einen hohen Kaliumgehalt. Damit unterstützt sie in diesem Smoothie vor allem die Herzgesundheit.

R *Reinigend* **SI** *Stärkt das Immunsystem* **V** *Vitaminreich*

Spinat, Erdbeeren, Zitrone, Kokoswasser, Rosinen und Eiswürfel in einen Mixer füllen und glatt pürieren. Den Smoothie in ein Glas gießen und servieren.

PRETTY IN PINK

Für 1 Person
Zubereitung: 5 Minuten

ZUTATEN

1 Rote Bete, geschält und in Stücke geschnitten • ½ Avocado, geschält und gewürfelt

1 großer Apfel, geschält, entkernt und in Stücke geschnitten

6 Erdbeeren, entkelcht • 1 EL Zitronensaft • 250 ml Kokoswasser

Erdbeeren enthalten Anthocyanine. Diese Antioxidanzien besitzen eine stark entzündungshemmende Wirkung.

 *Mineralstoffreich* *Stärkt das Immunsystem* *Vitaminreich*

Rote Bete, Avocado, Apfel, Erdbeeren, Zitronensaft und Kokoswasser in einen Mixer füllen und glatt pürieren. Den Smoothie in ein Glas gießen und servieren.

SANFTE MANGO

Für 1 Person
Zubereitung: 5 Minuten

ZUTATEN

1 Mango, geschält, entkernt und in Stücke geschnitten

1 kleine Banane, geschält und in Scheiben geschnitten • 2 EL Limettensaft

70 ml frisch gepresster Orangensaft

200 ml Reisdrink (gekauft oder selbst gemacht, s. S. 26)

Die Tropenfrucht Mango steckt voller wertvoller Vitamine. Damit fördert sie die Gesundheit der Augen und das Knochenwachstum.

 *Gut für die Haut* **SI** *Stärkt das Immunsystem* **V** *Vitaminreich*

Mango, Banane, Limettensaft, Orangensaft und Reisdrink in einen Mixer füllen und glatt pürieren. Den Smoothie in ein Glas gießen und servieren.

KÜRBIS & GEWÜRZE

Für 1 Person
Zubereitung: 5 Minuten

ZUTATEN

200 g gegarter Butternusskürbis, in Stücke geschnitten (180 g Rohgewicht)

4 Medjool-Datteln, entsteint • 1 Stück Ingwer (1 cm), geschält und geraspelt

3 Eiswürfel • 350 ml Kürbiskerndrink (s. S. 22) • 1 EL Chiasamen

1 TL gemahlener Zimt • 1 Prise gemahlene Gewürznelken

1 TL Vanilleextrakt (oder Mark von ½ Vanilleschote)

Gewürze wie Zimt und Gewürznelken besitzen viele
entzündungshemmende Inhaltsstoffe.

FD *Fördert die Durchblutung* **M** *Mineralstoffreich* **SI** *Stärkt das Immunsystem*

Kürbis, Datteln, Ingwer, Eiswürfel, Kürbiskerndrink, Chiasamen, Zimt,
Gewürznelken und Vanille in einen Mixer füllen und glatt pürieren. Den
Smoothie in ein Glas gießen und servieren.

FRÜCHTE & MINZE

Für 2 Personen
Zubereitung: 5 Minuten

ZUTATEN

8 Erdbeeren, entkelcht • 1 Banane, geschält und in Scheiben geschnitten
½ Avocado, geschält, entkernt und gewürfelt • 3 Medjool-Datteln, entsteint
5 Minzblätter • 350 ml Kokoswasser

Minze regt die Gallentätigkeit an und übt damit einen positiven Einfluss auf die gesamte Verdauung aus.

 *Gut für die Haut* **SI** *Stärkt das Immunsystem* **V** *Vitaminreich*

Erdbeeren, Banane, Avocado, Datteln, Minze und Kokoswasser in einen Mixer füllen und glatt pürieren. Den Smoothie in zwei Gläser gießen und servieren.

MILDE KAMILLE

Für 2 Personen
Zubereitung: 5 Minuten

ZUTATEN

60 g gekochte Quinoa (50 g Rohgewicht) • 4 Erdbeeren, entkelcht
250 ml Pistaziendrink (s. S. 28) • 150 ml Kamillentee
1 TL Ahornsirup

Kamille beruhigt bei Stress, wirkt stimmungsaufhellend und fördert
einen erholsamen, gesunden Schlaf.

 Mineralstoffreich **P** Proteinreich **V** Vitaminreich

Quinoa, Erdbeeren, Pistaziendrink, Kamillentee und Ahornsirup in einen Mixer
füllen und glatt pürieren. Den Smoothie in zwei Gläser gießen und servieren.

VITAMINKICK

Für 2 Personen
Zubereitung: 5 Minuten

ZUTATEN

2 Handvoll junger Blattspinat • 5 Medjool-Datteln, entsteint

2 Orangen, geschält und in Stücke geschnitten • 230 g Kokosjoghurt

2 TL Vanilleextrakt (oder Mark von 1 Vanilleschote)

Orangen sind reich an Vitamin C. Damit stärken sie die Abwehrkräfte und beugen vielen Krankheiten vor.

 **M** *Mineralstoffreich* **SE** *Spendet Energie* **SI** *Stärkt das Immunsystem*

Spinat, Datteln, Orangen, Kokosjoghurt, Vanille und 500 ml Wasser in einen Mixer füllen und glatt pürieren. Den Smoothie in zwei Gläser gießen und servieren.

HANF-TRINKSCHOKOLADE

Für 2 Personen
Zubereitung: 5 Minuten

ZUTATEN

1 Banane, geschält und in Scheiben geschnitten • 2 Medjool-Datteln, entsteint

1 EL Rohkakaopulver • 3 EL geschälte Hanfsamen • 1 Prise gemahlener Zimt

450 ml Haselnussdrink (gekauft oder selbst gemacht, s. S. 14)

Mit ihrem hohen Gehalt an essenziellen Fettsäuren unterstützen Hanfsamen
vor allem die Herzgesundheit.

GH *Gut für die Haut* **HH** *Reguliert den Hormonhaushalt* **SK** *Stärkt die Knochen*

Banane, Datteln, Kakaopulver, Hanfsamen, Zimt und Haselnussdrink in einen
Mixer füllen und glatt pürieren. Den Smoothie in zwei Gläser gießen und servieren.

ROTE WONNE

Für 1 Person
Zubereitung: 5 Minuten

ZUTATEN

1 Rote Bete, geschält und in Stücke geschnitten • 200 g gemischte rote Beeren

½ Orange, geschält und in Stücke geschnitten • 1 EL geschälte Hanfsamen

180 ml Haferdrink (gekauft oder selbst gemacht, s. S. 24)

Rote Bete ist gesund für Knochen, Nieren, Leber und Bauchspeicheldrüse.
Daneben stärkt sie auch die Funktion von Muskeln und Nerven.

 *Entzündungshemmend* **SI** *Stärkt das Immunsystem* **V** *Vitaminreich*

Rote Bete, Beeren, Orange, Hanfsamen und Haferdrink in einen Mixer füllen
und glatt pürieren. Den Smoothie in ein Glas gießen und servieren.

GRANATAPFEL & CHIA

Für 1 Person
Zubereitung: 5 Minuten

ZUTATEN

1 Handvoll sehr junge Grünkohlblätter (ersatzweise Spinat)

150 g Granatapfelkerne • 1 EL Chiasamen • 150 ml fettreduzierte Kokosmilch

Die blutroten Kerne des Granatapfels regen die Durchblutung an und fördern die Herzgesundheit.

 *Entzündungshemmend* **SI** *Stärkt das Immunsystem* **V** *Vitaminreich*

Grünkohl, Granatapfelkerne, Chiasamen und Kokosmilch in einen Mixer füllen und glatt pürieren. Den Smoothie in ein Glas gießen und servieren.

MORGEN-SMOOTHIES

Diese samtigen, köstlichen Smoothies schmecken besonders gut zum Frühstück. Mit wertvollen Nährstoffen sorgen sie für einen gesunden Start in den Tag.

Morgenrot • Wake me up!
Himbeere & Feige • Brombeere & Banane
Mandel Delight • Himbeere & Kokos
Müsli aus dem Glas • Erdbeershake
Morgen-Mokka • Haselnuss-Trio
Grüne Kokosnuss • Mango am Morgen
Heidelbeere & Mandel

MORGENROT

Für 1 Person
Zubereitung: 5 Minuten

ZUTATEN

160 g Brombeeren • 1 Banane, geschält und in Scheiben geschnitten

1 Handvoll Basilikumblätter • 230 ml Cashewdrink (s. S. 16)

½ TL Vanilleextrakt (oder 1 Msp. Vanillemark)

Das Würzkraut Basilikum enthält neben Eisen und Kalzium auch gesunde Omega-3-Fettsäuren.

FD *Fördert die Durchblutung* **SE** *Spendet Energie* **V** *Vitaminreich*

Brombeeren, Banane, Basilikum, Cashewdrink und Vanille in einen Mixer füllen und glatt pürieren. Den Smoothie in ein Glas gießen und servieren.

WAKE ME UP!

Für 2 Personen
Zubereitung: 5 Minuten

ZUTATEN

2 Karotten, geschält und in Scheiben geschnitten

2 Bananen, geschält und in Scheiben geschnitten

60 g Ananas, geschält und in Scheiben geschnitten • 2 TL Rosinen • 4 Walnusskerne

60 g gekochte Quinoa (50 g Rohgewicht) • 1 Prise gemahlener Zimt

450 ml Haselnussdrink (gekauft oder selbst gemacht, s. S. 14)

Quinoa versorgt den Körper mit vielen Mineralstoffen und Spurenelementen, darunter auch Kalzium, Magnesium und Mangan.

 *Proteinreich* **SE** *Spendet Energie* **SI** *Stärkt das Immunsystem*

Karotten, Bananen, Ananas, Rosinen, Walnüsse, Quinoa, Zimt und Haselnussdrink in einen Mixer füllen und glatt pürieren. Den Smoothie in zwei Gläser gießen und servieren.

HIMBEERE & FEIGE

Für 2 Personen
Zubereitung: 5 Minuten

ZUTATEN

180 g Himbeeren • 2 Feigen • 75 g Cashewkerne

450 ml Reisdrink (gekauft oder selbst gemacht, s. S. 26) • 1 EL Ahornsirup

2 EL Rohkakaopulver • ½ TL Paprikapulver • 1 TL Macapulver

Neben Vitamin B bringen Feigen besonders viele Ballaststoffe ins Glas. Damit macht der Smoothie problemlos bis zum Mittagessen satt.

 *Fördert die Verdauung* **P** *Proteinreich* **SE** *Spendet Energie*

Himbeeren, Feigen, Cashewkerne, Reisdrink, Ahornsirup, Kakao, Paprika- und Macapulver in einen Mixer füllen und glatt pürieren. Den Smoothie in zwei Gläser gießen und servieren.

BROMBEERE & BANANE

Für 1 Person
Zubereitung: 5 Minuten

ZUTATEN
200 g Brombeeren • 1 Banane, geschält und in Scheiben geschnitten
250 ml Haferdrink (gekauft oder selbst gemacht, s. S. 24)
2 EL Proteinpulver Schoko

Brombeeren enthalten viel Vitamin C. Daneben führen sie dem Körper auch noch reichlich Antioxidanzien zu.

FV *Fördert die Verdauung* **P** *Proteinreich* **SE** *Spendet Energie*

Brombeeren, Banane, Haferdrink und Proteinpulver in einen Mixer füllen und glatt pürieren. Den Smoothie in ein Glas gießen und servieren.

MANDEL DELIGHT

Für 1 Person
Zubereitung: 5 Minuten

ZUTATEN

1 Banane, geschält und in Scheiben geschnitten • 2 Medjool-Datteln, entsteint

½ TL frisch geriebene Muskatnuss • 1 EL Mandelmus • 2 EL Kokosjoghurt

250 ml Mandeldrink (gekauft oder selbst gemacht, s. S. 20)

Muskatnuss regt das Immunsystem an und lindert Verdauungsbeschwerden.
Am besten verwendet man sie frisch gerieben.

FV *Fördert die Verdauung* **P** *Proteinreich* **PB** *Probiotisch*

Banane, Datteln, Muskatnuss, Mandelmus, Kokosjoghurt und Mandeldrink in einen
Mixer füllen und glatt pürieren. Den Smoothie in ein Glas gießen und servieren.

HIMBEERE & KOKOS

Für 1 Person
Zubereitung: 5 Minuten

ZUTATEN

200 g Himbeeren • 2 Handvoll junger Blattspinat • 3 Eiswürfel
250 ml Haferdrink (gekauft oder selbst gemacht, s. S. 24)
2 EL geschrotete Leinsamen • 2 EL Kokosraspel • 1 EL Rohkakaopulver

Himbeeren enthalten wesentlich mehr Ballaststoffe als viele andere Früchte, zudem sättigen sie anhaltend. Perfekt zum Frühstück!

 **FV** *Fördert die Verdauung* **P** *Proteinreich* **V** *Vitaminreich*

Himbeeren, Spinat, Eiswürfel, Haferdrink, Leinsamen, Kokosraspel und Kakaopulver in einen Mixer füllen und glatt pürieren. Den Smoothie in ein Glas gießen und servieren.

MÜSLI AUS DEM GLAS

Für 2 Personen
Zubereitung: 5 Minuten

ZUTATEN

100 g Himbeeren • 1 EL Ahornsirup • 1 TL abgeriebene Bio-Zitronenschale

2 EL Haferflocken • 1 EL Chiasamen • 1 ½ TL Mohnsamen

450 ml Haferdrink (gekauft oder selbst gemacht, s. S. 24) • 1 EL Cashewmus

Saft von ½ Zitrone • 1 TL Vanilleextrakt (oder Mark von ½ Vanilleschote)

Mohnsamen enthalten wertvolle Mineralstoffe und Spurenelemente
wie Zink und Kalzium.

EH *Entzündungshemmend* **P** *Proteinreich* **SI** *Stärkt das Immunsystem*

Himbeeren, Ahornsirup, Zitronenschale, Haferflocken, Chia- und Mohnsamen,
Haferdrink, Cashewmus, Zitronensaft und Vanille in einen Mixer füllen und glatt
pürieren. Den Smoothie in zwei Gläser gießen und servieren.

ERDBEERSHAKE

Für 1 Person
Zubereitung: 5 Minuten, plus über Nacht Einweichen

ZUTATEN

1 EL Cashewkerne • 1 EL Chiasamen • 200 g Erdbeeren, entkelcht und halbiert

250 ml Haferdrink (gekauft oder selbst gemacht, s. S. 24)

1 EL Ahornsirup • 1 EL Zitronensaft • 1 TL Apfelessig

½ TL Vanilleextrakt (oder 1 Msp. Vanillemark)

Chiasamen liefern Omega-3-Fettsäuren. Diese sind für die Gesundheit von Herz, Gehirn und Gelenken verantwortlich.

 **SE** *Spendet Energie* **SI** *Stärkt das Immunsystem* **V** *Vitaminreich*

Die Cashewkerne in einer Schüssel mit Wasser bedecken und über Nacht einweichen. Nach Belieben auch die Chiasamen mit einweichen. Am nächsten Tag abgießen und abspülen. Cashewkerne, Chiasamen, Erdbeeren, Haferdrink, Ahornsirup, Zitronensaft, Apfelessig und Vanille in einen Mixer füllen und glatt pürieren. Den Smooothie in ein Glas gießen und servieren.

MORGEN-MOKKA

Für 1 Person
Zubereitung: 5 Minuten

ZUTATEN

1 Handvoll junger Blattspinat • 4 Medjool-Datteln, entsteint

½ TL Vanilleextrakt (oder 1 Msp. Vanillemark) • 5 Eiswürfel

60 ml Mandeldrink (gekauft oder selbst gemacht, s. S. 20)

250 ml lauwarmer schwarzer Kaffee • 1 EL Rohkakaopulver

Blattspinat bringt die Vitamine A, C, E und K in diesen morgendlichen Mokka.
Sie sorgen für gesunde und stabile Knochen.

FD *Fördert die Durchblutung* **GH** *Gut für die Haut* **SE** *Spendet Energie*

Spinat, Datteln, Vanille, Eiswürfel, Mandeldrink, Kaffee und Kakao in einen Mixer
füllen und glatt pürieren. Den Smoothie in ein Glas gießen und servieren.

HASELNUSS-TRIO

Für 1 Person
Zubereitung: 5 Minuten

ZUTATEN

1 Handvoll junger Blattspinat • 1 Prise Rohkakaopulver

1 EL Haselnusskerne • 1 EL Haselnussmus

250 ml Haselnussdrink (gekauft oder selbst gemacht, s. S. 14)

1 EL getrocknete Cranberrys • 1 TL Vanilleextrakt (oder Mark von ½ Vanilleschote)

Haselnüsse sind reich an Vitamin E. Es wirkt entzündungshemmend und beugt so Erkrankungen und vorzeitiger Alterung vor.

 **P** *Proteinreich* **SI** *Stärkt das Immunsystem* **SK** *Stärkt die Knochen*

Spinat, Kakaopulver, Haselnüsse, Haselnussmus, Haselnussdrink, Cranberrys und Vanille in einen Mixer füllen und glatt pürieren. Den Smoothie in ein Glas gießen und servieren.

GRÜNE KOKOSNUSS

Für 2 Personen
Zubereitung: 5 Minuten

ZUTATEN

2 Handvoll junger Blattspinat • ½ Avocado, geschält, entkernt und gewürfelt

1 Banane, geschält und in Scheiben geschnitten • 2 EL Chiasamen

2 EL Kokosmus • abgeriebene Schale und Saft von 1 Bio-Limette

1 TL Vanilleextrakt (oder Mark von ½ Vanilleschote) • 1 EL Ahornsirup

1 EL Cashewkerne • 500 ml Kokosdrink

Avocado enthält wertvolle Fette. Diese wirken regulierend auf den Cholesterinspiegel im Körper.

 *Entzündungshemmend* **P** *Proteinreich* **V** *Vitaminreich*

Spinat, Avocado, Banane, Chiasamen, Kokosmus, Limettenschale und -saft, Vanille, Ahornsirup, Cashewkerne und Kokosdrink in einen Mixer füllen und glatt pürieren. Den Smoothie in zwei Gläser gießen und servieren.

MANGO AM MORGEN

Für 1 Person
Zubereitung: 5 Minuten

ZUTATEN

200 g Mango, geschält und in Stücke geschnitten • 2 Medjool-Datteln, entsteint

2 EL Mandelmus

Mango sorgt mit Vitamin B_6 und vielen Ballaststoffen für eine gesunde Verdauung.

 *Mineralstoffreich*  *Proteinreich*  *Stärkt das Immunsystem*

Mango, Datteln, Mandelmus und 250 ml Wasser in einen Mixer füllen und glatt pürieren. Den Smoothie in ein Glas gießen und servieren.

HEIDELBEERE & MANDEL

Für 1 Person
Zubereitung: 5 Minuten

ZUTATEN
150 g Heidelbeeren • 1 EL Mandeln
1 EL Proteinpulver Vanille • 2 EL zarte Haferflocken
250 ml Mandeldrink (gekauft oder selbst gemacht, s. S. 20)

Wie Erdbeeren sind auch Heidelbeeren reich an Anthocyanin. Dieses Antioxidans unterstützt die Herzgesundheit.

P *Proteinreich* **SE** *Spendet Energie* **V** *Vitaminreich*

Heidelbeeren, Mandeln, Proteinpulver, Haferflocken und Mandeldrink in einen Mixer füllen und glatt pürieren. Den Smoothie in ein Glas gießen und servieren.

PROTEIN-SMOOTHIES

Wer sich vegan ernährt, muss besonders darauf achten, ausreichend Proteine zu essen. Diese Smoothies helfen Ihnen dabei, Ihren täglichen Bedarf zu decken.

Avocado & Hanf • Grünes Wunder
Wassermelone & Kokos • KiBa-Cocktail
Bohnen & Goji • Grünkohl & Grüntee • Tofu-Drink
Tofu-Trinkschokolade • Buchweizen-Becher
Grüne Energiebombe • Brokkoli & Banane
Bananenshake • Mango & Cashewkern
Matcha-Mix • Melone & Kokos
Ananas & Zitronengras • Banane & Zimt
Birne & Kiwi • Cashew-Kuss

AVOCADO & HANF

Für 1 Person
Zubereitung: 5 Minuten

ZUTATEN

½ Avocado, geschält, entkernt und gewürfelt

½ Banane, geschält und in Scheiben geschnitten • 2 Handvoll junger Blattspinat

2 EL geschälte Hanfsamen • 250 ml Cashewdrink (s. S. 16) • 2 Eiswürfel

Avocado enthält viel Kalium. Dieser Mineralstoff reguliert einen eventuell bestehenden Bluthochdruck.

 *Gut für die Haut* *Mineralstoffreich* *Vitaminreich*

Avocado, Banane, Spinat, Hanfsamen, Cashewdrink und Eiswürfel in einen Mixer füllen und glatt pürieren. Den Smoothie in ein Glas gießen und servieren.

GRÜNES WUNDER

Für 1 Person
Zubereitung: 5 Minuten

ZUTATEN

2 Äpfel, entkernt und gewürfelt • 150 g Mango, geschält und in Stücke geschnitten

½ Avocado, geschält, entkernt und gewürfelt • 2 Blätter Römersalat, gehackt

½ TL gemahlene Kurkuma • 2 EL gehackte Petersilie • 1 EL gehacktes Koriandergrün

1 EL Zitronensaft • 2 Eiswürfel • 250 ml Kokoswasser

Römersalat ist reich an Vitamin C. Daneben enthält er auch Vitamin K, das für die Blutgerinnung und die Gesundheit der Knochen benötigt wird.

BR *Blutreinigend* **EH** *Entzündungshemmend* **SI** *Stärkt das Immunsystem*

Äpfel, Mango, Avocado, Salat, Kurkuma, Petersilie, Koriandergrün, Zitronensaft, Eiswürfel und Kokoswasser in einen Mixer füllen und glatt pürieren. Den Smoothie nach Belieben mit etwas Wasser verdünnen, in ein Glas gießen und servieren.

WASSERMELONE & KOKOS

Für 1 Person
Zubereitung: 5 Minuten

ZUTATEN

200 g Wassermelone, geschält, entkernt und gewürfelt

1 Stück Ingwer (2,5 cm), geschält und geraspelt • 200 g gemischte rote Beeren
(frisch oder TK) • ½ Avocado, geschält, entkernt und gewürfelt

2 TL Chiasamen • 250 ml Kokoswasser

Ingwer besitzt entzündungshemmende Wirkstoffe. Die Wurzel hat sich vor allem als wirksames Mittel gegen Übelkeit bewährt.

FD *Fördert die Durchblutung* **SE** *Spendet Energie* **SI** *Stärkt das Immunsystem*

Wassermelone, Ingwer, Beeren, Avocado, Chiasamen und Kokoswasser in einen Mixer füllen und glatt pürieren. Den Smoothie nach Belieben mit etwas Mineral- oder Kokoswasser verdünnen, in ein Glas gießen und servieren.

KIBA-COCKTAIL

Für 2 Personen
Zubereitung: 5 Minuten

ZUTATEN

300 g Kirschen, entsteint • 2 Bananen, geschält und in Scheiben geschnitten

400 ml Kokoswasser • 1 TL Vanilleextrakt (oder Mark von ½ Vanilleschote)

Kirschen enthalten Melatonin. Dieses Hormon wirkt sich positiv auf die Schlafqualität aus.

SE *Spendet Energie* **SI** *Stärkt das Immunsystem* **V** *Vitaminreich*

Kirschen, Bananen, Kokoswasser und Vanille in einen Mixer füllen und glatt pürieren. Den Smoothie in zwei Gläser gießen und servieren.

BOHNEN & GOJI

Für 2 Personen
Zubereitung: 5 Minuten

ZUTATEN
1 Dose weiße Bohnen (etwa 400 g), abgespült und abgetropft
1 Banane, geschält und in Scheiben geschnitten • 6 Medjool-Datteln, entsteint
1 EL Gojibeeren • 1 EL Ahornsirup • 1 Prise frisch geriebene Muskatnuss
250 ml Kürbiskerndrink (s. S. 22)

In einer Dose weiße Bohnen stecken 7 g Proteine. Die ballaststoffreichen Bohnen regulieren zudem den Blutzuckerspiegel.

EH *Entzündungshemmend*   **GH** *Gut für die Haut*   **SE** *Spendet Energie*

Bohnen, Banane, Datteln, Gojibeeren, Ahornsirup, Muskatnuss, Kürbiskerndrink und 250 ml Wasser in einen Mixer füllen und glatt pürieren. Den Smoothie in zwei Gläser gießen und servieren.

GRÜNKOHL & GRÜNTEE

Für 1 Person
Zubereitung: 5 Minuten

ZUTATEN

160 g junger Grünkohl, gehackt • 200 g Erdbeeren, entkelcht • 30 g Walnusskerne
1 Stück Ingwer (2,5 cm), geschält und geraspelt • 250 ml kalter grüner Tee

Die Kerne der Walnuss enthalten Omega-3-Fettsäuren. Diese wiederum besitzen entzündungshemmende Eigenschaften.

 *Fördert die Durchblutung* *Stärkt das Immunsystem* *Vitaminreich*

Grünkohl, Erdbeeren, Walnüsse, Ingwer und Tee in einen Mixer füllen und glatt pürieren. Den Smoothie in ein Glas gießen und servieren.

TOFU-DRINK

Für 1 Person
Zubereitung: 5 Minuten

ZUTATEN

130 g Seidentofu, zerkleinert

1 Banane, geschält und in Scheiben geschnitten • ½ EL Erdnussmus

250 ml Cashewdrink (s. S. 16)

Tofu versorgt den Körper mit Mineralstoffen und Spurenelementen wie Magnesium, Kupfer und Zink sowie mit Vitamin B_1.

 **GH** *Gut für die Haut* **M** *Mineralstoffreich* **SE** *Spendet Energie*

Tofu, Banane, Erdnussmus und Cashewdrink in einen Mixer füllen und glatt pürieren. Den Smoothie in ein Glas gießen und servieren.

TOFU-TRINKSCHOKOLADE

Für 1 Person
Zubereitung: 5 Minuten

ZUTATEN

60 g Himbeeren • 2 Handvoll junger Blattspinat

½ Banane, geschält und in Scheiben geschnitten • 80 g Seidentofu, zerkleinert

4 Medjool-Datteln, entsteint • 1 EL geschrotete Leinsamen • 1 EL Rohkakaopulver

250 ml Mandeldrink (gekauft oder selbst gemacht, s. S. 20)

Rohkakao enthält außerordentlich viel Eisen. Außerdem besitzt er eine stimmungsaufhellende Wirkung und macht fröhlich.

 *Entzündungshemmend* **GH** *Gut für die Haut* **M** *Mineralstoffreich*

Himbeeren, Spinat, Banane, Tofu, Datteln, Leinsamen, Kakaopulver und Mandeldrink in einen Mixer füllen und glatt pürieren. Den Smoothie in ein Glas gießen und servieren.

BUCHWEIZEN-BECHER

Für 1 Person
Zubereitung: 5 Minuten

ZUTATEN

50 g gekochte Buchweizengrütze (30 g Rohgewicht)

1 Banane, geschält und in Scheiben geschnitten • 2 Medjool-Datteln, entsteint

1 EL geschälte Hanfsamen • ½ TL gemahlener Zimt

1 Prise Quatre épices (franz. Würzmischung, ersatzweise Lebkuchengewürz)

Buchweizen liefert Mineralstoffe und Spurenelemente wie Kupfer, Magnesium und Phosphor. Daneben beugt er mit seinen Antioxidanzien Krankheiten vor.

(M) *Mineralstoffreich* (SK) *Stärkt die Knochen* (SW) *Regt den Stoffwechsel an*

Buchweizen, Banane, Datteln, Hanfsamen, Zimt, Würzmischung und 250 ml Wasser in einen Mixer füllen und glatt pürieren. Den Smoothie in ein Glas gießen und servieren.

GRÜNE ENERGIEBOMBE

Für 1 Person
Zubereitung: 5 Minuten

ZUTATEN

2 Handvoll junger Blattspinat • 1 Banane, geschält und in Scheiben geschnitten

2 Eiswürfel • 250 ml Haferdrink (gekauft oder selbst gemacht, s. S. 24)

1 EL Ahornsirup • 1 EL Chiasamen

½ TL gemahlener Zimt • ¼ TL gemahlener Ingwer

Chiasamen und junger Blattspinat enthalten viel Eisen. Das macht diesen sattgrünen Smoothie zu einer echten Nährstoffbombe.

FV *Fördert die Verdauung* **K** *Kräftigend* **V** *Vitaminreich*

Spinat, Banane, Eiswürfel, Haferdrink, Ahornsirup, Chiasamen, Zimt und Ingwer in einen Mixer füllen und glatt pürieren. Den Smoothie in ein Glas gießen und servieren.

BROKKOLI & BANANE

Für 2 Personen
Zubereitung: 5 Minuten

ZUTATEN
150g Brokkoli, in Röschen geteilt • 2 Bananen, geschält und in Scheiben geschnitten
1 EL Ahornsirup • 1 EL Cashewmus

Brokkoli ist besonders reich an den Vitaminen A und K. Diese Kohlart unterstützt weiterhin die Bildung von Vitamin D.

 *Gut für die Haut* **K** *Kräftigend* **M** *Mineralstoffreich*

Brokkoli, Bananen, Ahornsirup, Cashewmus und 250 ml Wasser in einen Mixer füllen und glatt pürieren. Den Smoothie in zwei Gläser gießen und servieren.

BANANENSHAKE

Für 1 Person
Zubereitung: 5 Minuten

ZUTATEN

1 Banane, geschält und in Scheiben geschnitten

250 ml Mandeldrink (gekauft oder selbst gemacht, s. S. 20)

1 EL Chiasamen • ½ EL Erdnussmus

Erdnussmus enthält Kalium, Vitamin E und Antioxidanzien. Weiterhin liefert es viel Magnesium, das Knochen und Muskeln stärkt.

 *Gut für die Haut* **SE** *Spendet Energie* **SI** *Stärkt das Immunsystem*

Banane, Mandeldrink, Chiasamen und Erdnussmus in einen Mixer füllen und glatt pürieren. Den Smoothe in ein Glas gießen und servieren.

MANGO & CASHEWKERN

Für 1 Person
Zubereitung: 5 Minuten

ZUTATEN

1 Mango, geschält, entkernt und in Stücke geschnitten

100 g Heidelbeeren • 50 g Cashewkerne • 3 Medjool-Datteln, entsteint

1 EL zarte Haferflocken • 1 EL Chiasamen

Neben Vitamin E, K und B$_6$ liefern Cashewkerne auch wichtige Mineralstoffe und Spurenelemente wie Magnesium, Phosphor, Eisen, Kupfer, Selen und Zink.

 **FV** *Fördert die Verdauung* **SE** *Spendet Energie* **SK** *Stärkt die Knochen*

Mango, Heidelbeeren, Cashewkerne, Datteln, Haferflocken, Chiasamen und 250 ml Wasser in einen Mixer füllen und glatt pürieren. Den Smoothie nach Belieben mit etwas Wasser verdünnen, in ein Glas gießen und servieren.

MATCHA-MIX

Für 1 Person
Zubereitung: 5 Minuten

ZUTATEN

1 Banane, geschält und in Scheiben geschnitten • 3 Medjool-Datteln, entsteint

250 ml Mandeldrink (gekauft oder selbst gemacht, s. S. 20)

1 EL Chiasamen • ½ TL Matchapulver

Matcha enthält Katechine und andere Antioxidanzien. Das Grünteepulver stärkt damit die Zellgesundheit und das Immunsystem.

FV *Fördert die Verdauung* **SE** *Spendet Energie* **V** *Vitaminreich*

Banane, Datteln, Mandeldrink, Chiasamen und Matchapulver in einen Mixer füllen und glatt pürieren. Den Smoothie in ein Glas gießen und servieren.

MELONE & KOKOS

Für 1 Person
Zubereitung: 5 Minuten

ZUTATEN

400 g Honigmelone • 250 ml Kokosdrink • 4 Eiswürfel

Honigmelone liefert verschiedene B-Vitamine. Sie fördern die Ausscheidung von krank machenden Giftstoffen aus dem Körper.

GH *Gut für die Haut*   **SI** *Stärkt das Immunsystem*   **SK** *Stärkt die Knochen*

Honigmelone, Kokosdrink und Eiswürfel in einen Mixer füllen und glatt pürieren. Den Smoothie nach Belieben mit etwas Wasser verdünnen, in ein Glas gießen und servieren.

ANANAS & ZITRONENGRAS

Für 1 Person
Zubereitung: 5 Minuten

ZUTATEN

160 g Ananas, gewürfelt • ½ Banane, geschält und in Scheiben geschnitten

60 ml fettreduzierte Kokosmilch • ½ TL fein gehacktes Zitronengras

Zitronengras besitzt eine harntreibende Wirkung. Damit hilft es dem Körper, belastende Giftstoffe auszuscheiden.

 *Mineralstoffreich* SE *Spendet Energie* V *Vitaminreich*

Ananas, Banane, Kokosmilch, Zitronengras und 60 ml Wasser in einen Mixer füllen und glatt pürieren. Den Smoothie nach Belieben mit etwas Wasser verdünnen, in ein Glas gießen und servieren.

BANANE & ZIMT

Für 1 Person
Zubereitung: 5 Minuten

ZUTATEN

1 Banane, geschält und in Scheiben geschnitten

1 TL Ahornsirup • ¼ TL Vanilleextrakt (oder 1 Msp. Vanillemark)

½ TL gemahlener Zimt • 250 ml Cashewdrink (s. S. 16)

Zimt ist ein sehr beliebtes Gewürz. Es enthält Antioxidanzien, die im Körper eine entzündungshemmende Wirkung entfalten.

FD *Fördert die Durchblutung* **GH** *Gut für die Haut* **M** *Mineralstoffreich*

Banane, Ahornsirup, Vanille, Zimt und Cashewdrink in einen Mixer füllen und glatt pürieren. Den Smoothie in ein Glas gießen und servieren.

BIRNE & KIWI

Für 1 Person
Zubereitung: 5 Minuten

ZUTATEN

1 Birne, entkernt und in Stücke geschnitten • 1 Kiwi, geschält und gewürfelt

½ Avocado, geschält, entkernt und gewürfelt • 100 g Kokosjoghurt

2 Handvoll junger Blattspinat • 5 Medjool-Datteln, entsteint

1 TL Ahornsirup • 1 EL geschrotete Leinsamen

Birnen sind reich an unlöslichen Ballaststoffen. Damit sorgen sie für eine gesunde und gut funktionierende Verdauung.

 **GH** *Gut für die Haut*   **PB** *Probiotisch*   **SK** *Stärkt die Knochen*

Birne, Kiwi, Avocado, Kokosjoghurt, Spinat, Datteln, Ahornsirup, Leinsamen und 200 ml Wasser in einen Mixer füllen und glatt pürieren. Den Smoothie nach Belieben mit etwas Wasser verdünnen, in ein Glas gießen und servieren.

CASHEW-KUSS

Für 1 Person
Zubereitung: 5 Minuten

ZUTATEN

200 g Himbeeren • 5 Medjool-Datteln, entsteint • 1 EL Gojibeeren

60 g Cashewkerne • 1 TL abgeriebene Bio-Limettenschale

250 ml Haferdrink (gekauft oder selbst gemacht, s. S. 24)

Gojibeeren enthalten Antioxidanzien wie zum Beispiel Zeaxanthin. Es beugt einer altersbedingten Makuladegeneration vor.

 *Entzündungshemmend* **SI** *Stärkt das Immunsystem* **V** *Vitaminreich*

Himbeeren, Datteln, Gojibeeren, Cashewkerne, Limettenschale und Haferdrink in einen Mixer füllen und glatt pürieren. Den Smoothie in ein Glas gießen und servieren.

FITNESS-SMOOTHIES

*Dank ihrer besonderen Nährstoffzusammen-
setzung vermeiden Sie mit diesen Smoothies
kleine Leistungstiefs. Alle sind reich an
wertvollen Vitaminen und Mineralstoffen.
Damit bleiben Sie in Topform!*

Kiwi-Drink • Karotte & Spinat
Vitamin-E-Becher • Grünkohl-Turbo
Gemüse & Petersilie • Grüner Apfel
Spinat & Leinsamen • Trink dich schlau!
Honigmelone & Grüntee • Spirulina-Booster

KIWI-DRINK

Für 1 Person
Zubereitung: 5 Minuten

ZUTATEN

½ Avocado, geschält, entkernt und gewürfelt • 4 Kiwis, geschält
und in Scheiben geschnitten • 2 Handvoll junger Blattspinat
160g Mango, geschält und in Stücke geschnitten
1 TL abgeriebene Bio-Limettenschale • 1 Limette, geschält

Kiwis haben einen besonders hohen Gehalt an Vitamin K. Damit unterstützen sie die Gesundheit der Knochen.

 **GH** *Gut für die Haut* **M** *Mineralstoffreich* **SI** *Stärkt das Immunsystem*

Avocado, Kiwis, Spinat, Mango, Limettenschale, Limette und 250 ml Wasser in einen Mixer füllen und glatt pürieren. Den Smoothie in ein Glas gießen und servieren.

KAROTTE & SPINAT

Für 1 Person
Zubereitung: 5 Minuten

ZUTATEN

1 Karotte, geschält und in Scheiben geschnitten

½ Banane, geschält und in Scheiben geschnitten • 2 Handvoll junger Blattspinat

1 EL Rosinen • 2 EL Proteinpulver Vanille • ½ TL gemahlener Zimt

1 Prise frisch geriebene Muskatnuss • 3 Eiswürfel • 250 ml Cashewdrink (s. S. 16)

Karotten enthalten viel Betacarotin. Dieses wertvolle Antioxidans beugt Darm-, Prostata- und Magenkrebs vor.

P *Proteinreich* SE *Spendet Energie* V *Vitaminreich*

Karotte, Banane, Spinat, Rosinen, Proteinpulver, Zimt, Muskatnuss, Eiswürfel und Cashewdrink in einen Mixer füllen und glatt pürieren. Den Smoothie in ein Glas gießen und servieren

VITAMIN-E-BECHER

Für 1 Person
Zubereitung: 5 Minuten

ZUTATEN

2 Handvoll junger Blattspinat • ½ Avocado, geschält, entkernt und gewürfelt

1 kleine Rispe rote Weintrauben • 6 Erdbeeren, entkelcht

1 EL Mandelmus • 1 TL geschrotete Leinsamen

Avocado und Blattspinat liefern dem Körper Vitamin E. Er benötigt es für die Gesundheit von Haaren, Haut und Fingernägeln.

 *Entzündungshemmend*  *Mineralstoffreich*  *Stärkt das Immunsystem*

Spinat, Avocado, Weintrauben, Erdbeeren, Mandelmus, Leinsamen und 250 ml Wasser in einen Mixer füllen und glatt pürieren. Den Smoothie in ein Glas gießen und servieren

GRÜNKOHL-TURBO

Für 2 Personen
Zubereitung: 5 Minuten

ZUTATEN

1 große Handvoll sehr junge Grünkohlblätter

½ Mango, geschält und in Stücke geschnitten • 1 Apfel, entkernt und geviertelt

½ rosa Grapefruit, geschält • 5 Minzblätter • ½ Salatgurke, in Stücke geschnitten

1 Stange Staudensellerie, gewürfelt • 2 EL geschälte Hanfsamen

Grünkohl ist ein typisches Wintergemüse. Seine Blätter enthalten viel Kalzium,
das die Knochen stärkt.

 *Entzündungshemmend* **K** *Kräftigend* **M** *Mineralstoffreich*

Grünkohl, Mango, Apfel, Grapefruit, Minze, Gurke, Staudensellerie, Hanfsamen
und 450 ml Wasser in einen Mixer füllen und glatt pürieren. Den Smoothie in
zwei Gläser gießen und servieren.

GEMÜSE & PETERSILIE

Für 1 Person
Zubereitung: 5 Minuten

ZUTATEN

½ Salatgurke, in Stücke geschnitten • 1 Stange Staudensellerie, in Stifte geschnitten

2 Handvoll junger Blattspinat • 1 Karotte, geschält und in Stifte geschnitten

1 kleines Bund Petersilie • 5 Minzblätter

1 Apfel, geschält und in Stücke geschnitten • ½ Zitrone, geschält

30 ml frisch gepresster Zitronensaft • 30 ml frisch gepresster Orangensaft

Das Würzkraut Petersilie enthält wichtige Antioxidanzien und weiterhin die Vitamine K und C.

 **BR** *Blutreinigend* **M** *Mineralstoffreich* **SI** *Stärkt das Immunsystem*

Gurke, Staudensellerie, Spinat, Karotte, Petersilie, Minze, Apfel, Zitrone, Zitronensaft, Orangensaft und 200 ml Wasser in einen Mixer füllen und glatt pürieren. Den Smoothie in ein Glas gießen und servieren

GRÜNER APFEL

Für 1 Person
Zubereitung: 5 Minuten

ZUTATEN

2 Handvoll junger Blattspinat • 1 Apfel, entkernt und in Stücke geschnitten
2 Medjool-Datteln, entsteint • ½ TL Vanilleextrakt (oder 1 Msp. Vanillemark)
2 EL Mandelmus • 1 Prise gemahlener Zimt • 1 Prise Salz
250 ml Mandeldrink (gekauft oder selbst gemacht, s. S. 20)

Mit ihren vielen Ballaststoffen machen Äpfel lange satt und tun
besonders der Verdauung gut.

 Fördert die Verdauung **GH** Gut für die Haut **SK** Stärkt die Knochen

Spinat, Apfel, Datteln, Vanille, Mandelmus, Zimt, Salz und Mandeldrink
in einen Mixer füllen und glatt pürieren. Den Smoothie in ein Glas gießen
und servieren

SPINAT & LEINSAMEN

Für 1 Person
Zubereitung: 5 Minuten

ZUTATEN

2 Handvoll junger Blattspinat • 1 Banane, geschält und in Scheiben geschnitten
1 EL Cashewmus • 2 EL geschrotete Leinsamen • 3 Eiswürfel
250 ml Cashewdrink (s. S. 16)

Leinsamen, die kleinen Samen der Flachspflanze, enthalten Omega-3-Fettsäuren und andere wertvolle Inhaltsstoffe.

FV *Fördert die Verdauung* **M** *Mineralstoffreich* **SK** *Stärkt die Knochen*

Spinat, Banane, Cashewmus, Leinsamen, Eiswürfel und Cashewdrink in einen Mixer füllen und glatt pürieren. Den Smoothie in ein Glas gießen und servieren.

TRINK DICH SCHLAU!

Für 1 Person
Zubereitung: 5 Minuten

ZUTATEN

2 Handvoll junger Blattspinat • ½ Salatgurke, in Stücke geschnitten

1 EL Walnusskerne • 1 Apfel, entkernt und in Stücke geschnitten

½ Avocado, geschält, entkernt und gewürfelt • ½ TL gemahlener Zimt • 4 Eiswürfel

Walnusskerne stärken die Gehirnfunktion. Daneben helfen sie auch, »schlechtes« Cholesterin abzubauen.

 **GH** *Gut für die Haut* **M** *Mineralstoffreich* **SK** *Stärkt die Knochen*

Spinat, Gurke, Walnüsse, Apfel, Avocado, Zimt, Eiswürfel und 250 ml Wasser in einen Mixer füllen und glatt pürieren. Den Smoothie in ein Glas gießen und servieren.

HONIGMELONE & GRÜNTEE

Für 1 Person
Zubereitung: 5 Minuten

ZUTATEN

200 g Honigmelone, geschält und in Spalten geschnitten • 2 Handvoll junger Blattspinat • ½ Salatgurke, in Stücke geschnitten • 1 Stück Ingwer (1 cm), geschält und geraspelt • 1 EL Zitronensaft • 250 ml kalter grüner Tee

Honigmelone macht schön! Sie regt nämlich die Kollagenproduktion an und fördert die Reparatur von Körpergewebe.

 **FD** *Fördert die Durchblutung* **HY** *Hydrierend* **SE** *Spendet Energie*

Melone, Spinat, Gurke, Ingwer, Zitronensaft und Tee in einen Mixer füllen und glatt pürieren. Den Smoothie in ein Glas gießen und servieren.

SPIRULINA-BOOSTER

Für 1 Person
Zubereitung: 5 Minuten

ZUTATEN

200 g gemischte rote Beeren

1 EL Rohkakaopulver • 1 TL Spirulinapulver • 1 EL Mandelmus

1 EL Ahornsirup • 1 Handvoll junger Blattspinat • 4 Eiswürfel

250 ml Reisdrink (gekauft oder selbst gemacht, s. S. 26, oder Kokosdrink)

Die Blaualge Spirulina besteht zu 60 % aus Proteinen. Pulverfein zermahlen liefert sie in diesem Smoothie Energie für den ganzen Tag.

 *Entzündungshemmend* Ⓜ*Mineralstoffreich* Ⓢ*Stärkt das Immunsystem*

Beeren, Kakao- und Spirulinapulver, Mandelmus, Ahronsirup, Spinat,
Eiswürfel und Reisdrink in einen Mixer füllen und glatt pürieren. Den Smoothie
in ein Glas gießen und servieren.

REGISTER

Dank

Vielen Dank an Kathy Steer und Alice Chadwick für ihre engagierte Arbeit, an Beatriz da Costa für die hervorragenden Fotos und an Cathie Ziller, die mir die Möglichkeit gegeben hat, dieses Buch zu schreiben. Herzlichen Dank auch an alle, die meine Smoothies vorab gekostet und getestet haben.

Für die deutsche Ausgabe:
Programmleitung Monika Schlitzer
Redaktionsleitung Anne Heinel
Projektbetreuung Maike Hofma, Jessica Kleppel
Herstellungsleitung Dorothee Whittaker
Herstellungskoordination Ksenia Lebedeva
Herstellung Sophie Schiela

Übersetzung Wiebke Krabbe
Lektorat Petra Teetz

Titel der französischen Originalausgabe:
Vegan Smoothies – La Bible

Der Originaltitel erschien 2017 in Frankreich
bei Hachette Livre (Marabout), Vanves Cedex.

© der deutschsprachigen Ausgabe
by Dorling Kindersley Verlag GmbH,
München, 2020
Ein Unternehmen der Penguin
Random House Group
Alle deutschsprachigen Rechte vorbehalten

Jegliche – auch auszugsweise – Verwertung,
Wiedergabe, Vervielfältigung oder Speiche-
rung, ob elektronisch, mechanisch, durch

Fotokopie oder Aufzeichnung, bedarf der
vorherigen schriftlichen Genehmigung durch
den Verlag.

Rezepte Fern Green
Fotografie Beatriz de Costa

ISBN 978-3-8310-3992-0

Druck und Bindung Toppan Leefung, China

MIX
Papier aus verantwor-
tungsvollen Quellen
FSC® C104723

www.dk-verlag.de

Hinweis
Die Informationen und Ratschläge in diesem
Buch sind von der Autorin und vom Verlag
sorgfältig erwogen und geprüft, dennoch kann
eine Garantie nicht übernommen werden.
Eine Haftung der Autorin bzw. des Verlags und
seiner Beauftragten für Personen-, Sach- und
Vermögensschäden ist ausgeschlossen.